Auteurs

Cet ouvrage a été rédigé par les directions diocésaines
de l'Enseignement Catholique du Maine-et-Loire et de Loire-Atlantique.

Imprimatur

Angers, le 25 mars 2011 en la fête de l'Annonciation du Seigneur
Monseigneur Emmanuel DELMAS, Évêque d'Angers.

Conception

Conception globale et réalisation : Éditions MEDIACLAP

BD « Jésus » :
Dessins et conception graphique : Jean Millou
Encrage : Philippe de la Fuente
Couleurs : Ghislaine Ameglio-Serre

Illustrations Zou :
Dessins : Isha
Couleurs : Claire Millou, Aurélie Lecloux (BD)

Illustrations pages activités :
Dessins : Philippe de la Fuente
Couleurs : Claire Millou, Philippe de la Fuente
Temple : dessin : Jean Millou, couleurs : David Cathelin

Pages « Zou t'es où ? » :
Dessins : Pierre-Antoine Thierry, Philippe de la Fuente
Couleurs : Aurélie Lecloux, Claire Millou

Couverture :
Dessins : Jean Millou
Couleurs : Jean Millou

Éditions MEDIACLAP
Z.I. Les Sabotiers
49350 Gennes
02.41.53.27.62
www.editions-mediaclap.fr

Les Aventures de Zou

Nom :

Prénom

Classe

CULTURE CHRÉTIENNE

Éditions MEDIACLAP

SOMMAIRE

Enfance de Jésus p.10-11

Mission de Jésus p.22-23

Mort et résurrection de Jésus p.54-55

4 fêtes pour les chrétiens p.74-75

Qui est Zou ?

Il est le chat
d'Anne et Léo.
Il touche à tout.
Il est curieux.
Il monte aux arbres
sans savoir en descendre.

Zou accompagne Anne et Léo. Ils veulent tout savoir sur les chrétiens.
J'ai trouvé l'histoire de Jésus en bande dessinée !
C'est formidable !
De quoi parlent-ils ?
Un jour, Anne et Léo partent à un rendez-vous.
Pas de bêtises, tu ne touches à rien.
Des bêtises ! Moi ?
Qu'est-ce que c'est que ça ?

Qui sont les chrétiens ?

Ils sont
les amis de Jésus.
Ils croient en Dieu
qui est, pour eux,
Père, Fils, Esprit.
Ils essaient de vivre
comme Jésus.

Qu'est-ce qu'un
Évangile ?
C'est un livre.
Ce livre raconte
la vie de Jésus.
Le mot Évangile veut dire
« Bonne nouvelle ».

D'après Lc 1, 1-4

Le livre de Luc

Le livre de Luc se trouve dans un gros livre : la Bible.

Compte le nombre de livres

dans l'Ancien Testament

dans le Nouveau Testament

dans la Bible entière

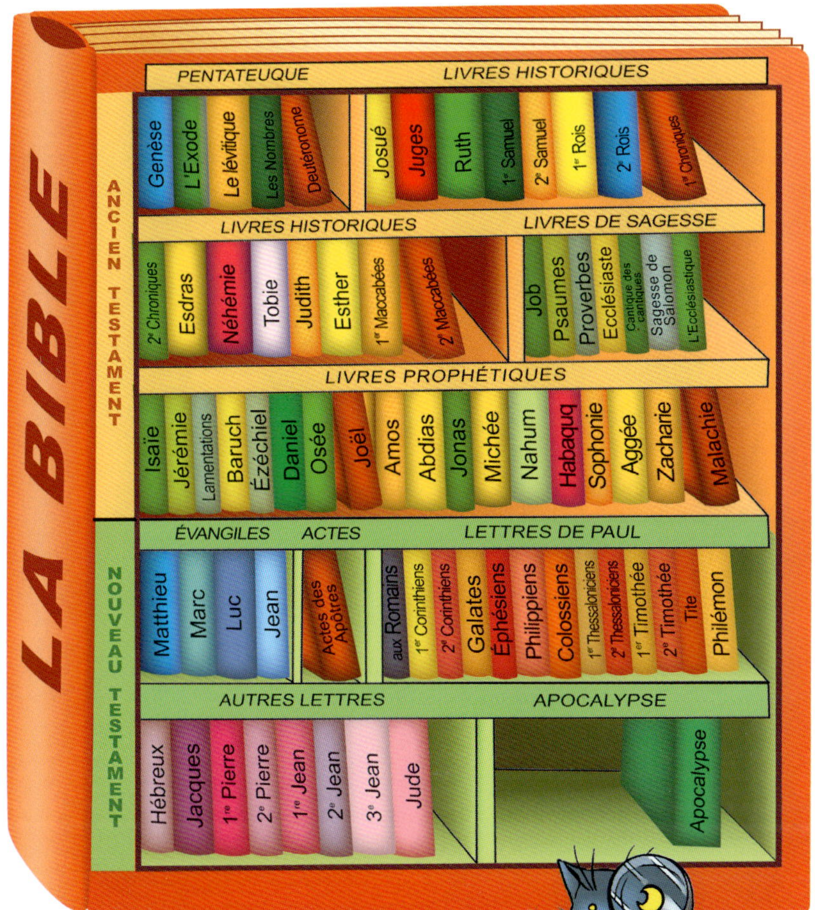

Place au bon endroit les lettres **A, E, I**, et trouve le nom de quatre livres de la Bible.

É	V		N	G		L		S

LE MOT DE ZOU !

C'est le livre de la Parole de Dieu pour les chrétiens.

autocollant

Enfance de Jésus

Ange Gabriel
Messager de Dieu

Marie
Maman de Jésus

Bergers
Gardiens de troupeau

La première partie du livre de Luc raconte l'enfance de Jésus.

Maîtres de la Loi

Savants qui enseignent la Bible juive (Ancien Testament)

Jésus

Joseph

Père adoptif de Jésus

Le pays de Jésus

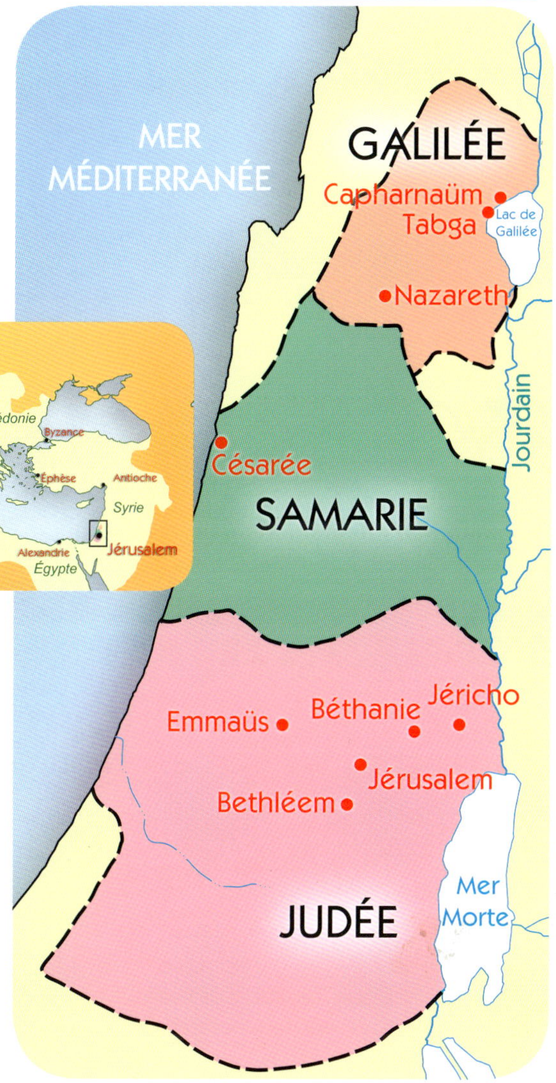

Siméon

Vieil homme fidèle à Dieu

Auguste

Empereur des Romains

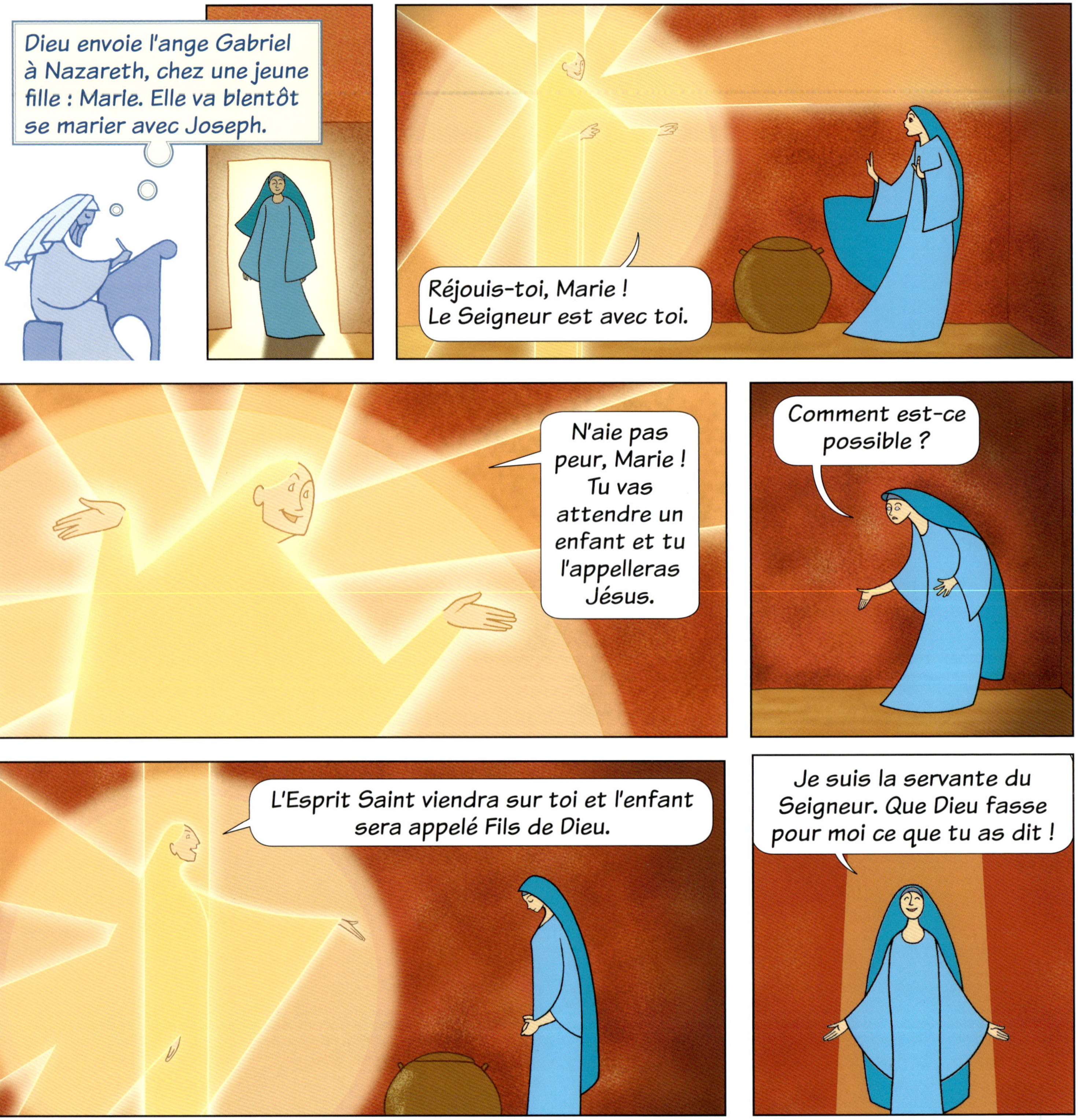

D'après Lc 1, 26-38

L'ANNONCE À MARIE

Dans la Bible, les anges sont les messagers de Dieu.

JE CHERCHE

Mets les syllabes dans l'ordre et trouve le nom de trois anges cités dans la Bible.

CHEL-MI

PHA-EL-RA

BRI-GA-EL

JE DÉCOUVRE

Colorie selon le code couleur. Découvre un lieu de pélerinage à Marie.

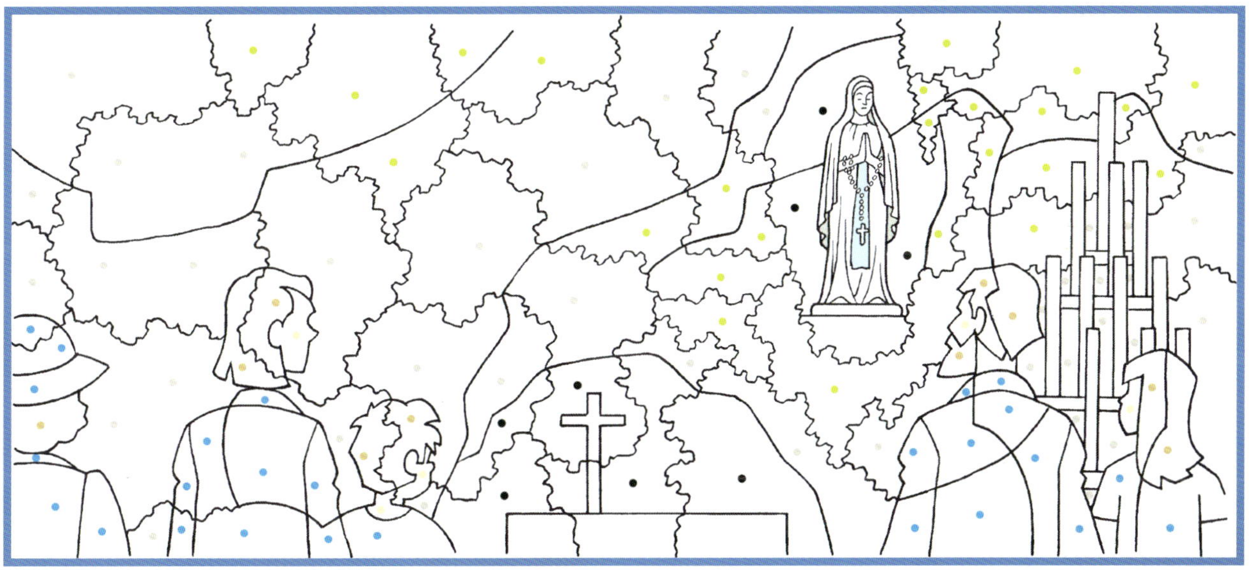

Il me manque juste des ailes pour être un ange !

LE MOT DE ZOU !

Les chrétiens fêtent l'annonce de l'ange Gabriel à Marie.

autocollant

D'après Lc 2, 1-4

Il y a 2000 ans, Marie et Joseph vivaient dans un village.

Au temps de Marie

Entoure 8 objets qui n'existent pas à l'époque de Marie.

JE DÉCOUVRE

Pourquoi Marie et Joseph n'ont-ils pas pris une voiture pour aller à Bethléem ?

LE MOT DE ZOU !

Marie et Joseph habitent dans ce village.

autocollant

D'après Lc 2, 6-20

La naissance de Jésus

Au temps de Jésus, les bergers sont des personnes pauvres.

Choisis les autocollants des vêtements d'un berger au temps de Jésus.

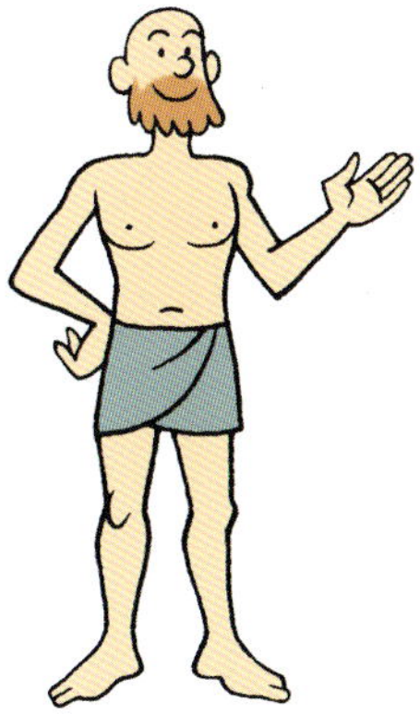

Complète les mots croisés. Chaque couleur correspond à une lettre : A =

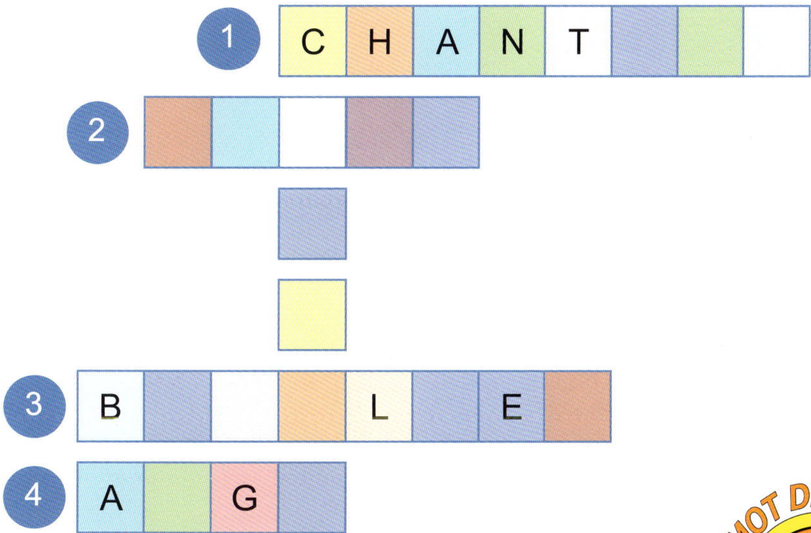

1. Quand les bergers repartent, ils ...
2. Maman de Jésus.
3. Ville où Jésus est né.
4. Messager de Dieu.

Trouve le mot caché

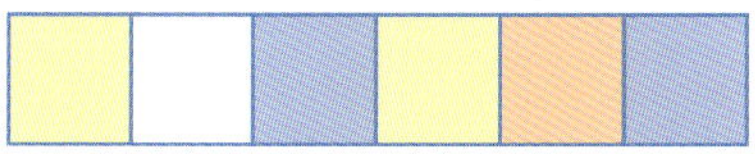

LE MOT DE ZOU !

Les chrétiens fêtent la naissance de Jésus.

autocollant

D'après Lc 2, 22-35

La présentation

Dans le calendrier, la fête de la « présentation du Seigneur » est le 2 février.

Souligne en vert le nom du tableau et en rouge le nom du peintre.

Place l'autocollant des personnages au-dessus de leur nom.

JE CHERCHE

autocollant	autocollant
Marie	*Siméon*
autocollant	autocollant
Jésus	*Joseph*

« La Présentation au Temple »

Simon Vouet

Séparez les mots par un trait vertical puis lis la phrase.

LafêtedelaprésentationdeJésusauTemples'appellelachandeleur.

JE DÉCOUVRE

LE MOT DE ZOU !

Grand bâtiment de Jérusalem.
C'est, pour les juifs,
la maison de Dieu.

autocollant

D'après Lc 2, 41-52

JE DÉCOUVRE

LA PÂQUE JUIVE

La pâque juive fête
la libération des Hébreux.
Ils étaient esclaves en Égypte.

Place les autocollants du texte au bon endroit.

Colorie les dessins.

LE MOT DE ZOU !

Personnage biblique, Dieu
lui demande de libérer son peuple.

autocollant

Mission de Jésus

Jean le Baptiste

Il baptise et invite les personnes à changer de vie pour Dieu.

Lévites

Ils aident les prêtres.
Ils préparent les sacrifices.
Ils font régner l'ordre dans le Temple de Jérusalem.

Samaritains

Ils habitent la Samarie.
Ils ne sont pas aimés par les juifs.

La deuxième partie
du livre de Luc raconte
la mission de Jésus.

Jésus

Prêtres

Ils servent Dieu
dans le Temple
de Jérusalem.
Ils offrent des
sacrifices
d'animaux à Dieu.

Pharisiens

Juifs très fidèles
à la Loi de Dieu.
Ils sont sévères.
Ils exigent de suivre
la Loi à la lettre.

Disciples

Ensemble des hommes
et des femmes
qui suivent Jésus

Apôtres

12 hommes choisis
par Jésus pour être
ses plus proches amis

Pierre

Chef des Apôtres

D'après Lc 3, 7-22

Jean le Baptiste

Le surnom de Jean est « le Baptiste » parce qu'il baptise dans le Jourdain.

Mets dans l'ordre le récit en reliant chaque texte à un dessin.
Colorie ensuite les dessins.

JE CHERCHE

Hérode fait tuer Jean en prison.

La maman de Jean s'appelle Elisabeth. Elle est la cousine de la maman de Jésus.

Jean baptise et annonce l'arrivée du Messie.

Mon surnom est Zou le Magnifique !

LE MOT DE ZOU !

AFFiOeR

Ce mot veut dire « plongée ».

autocollant

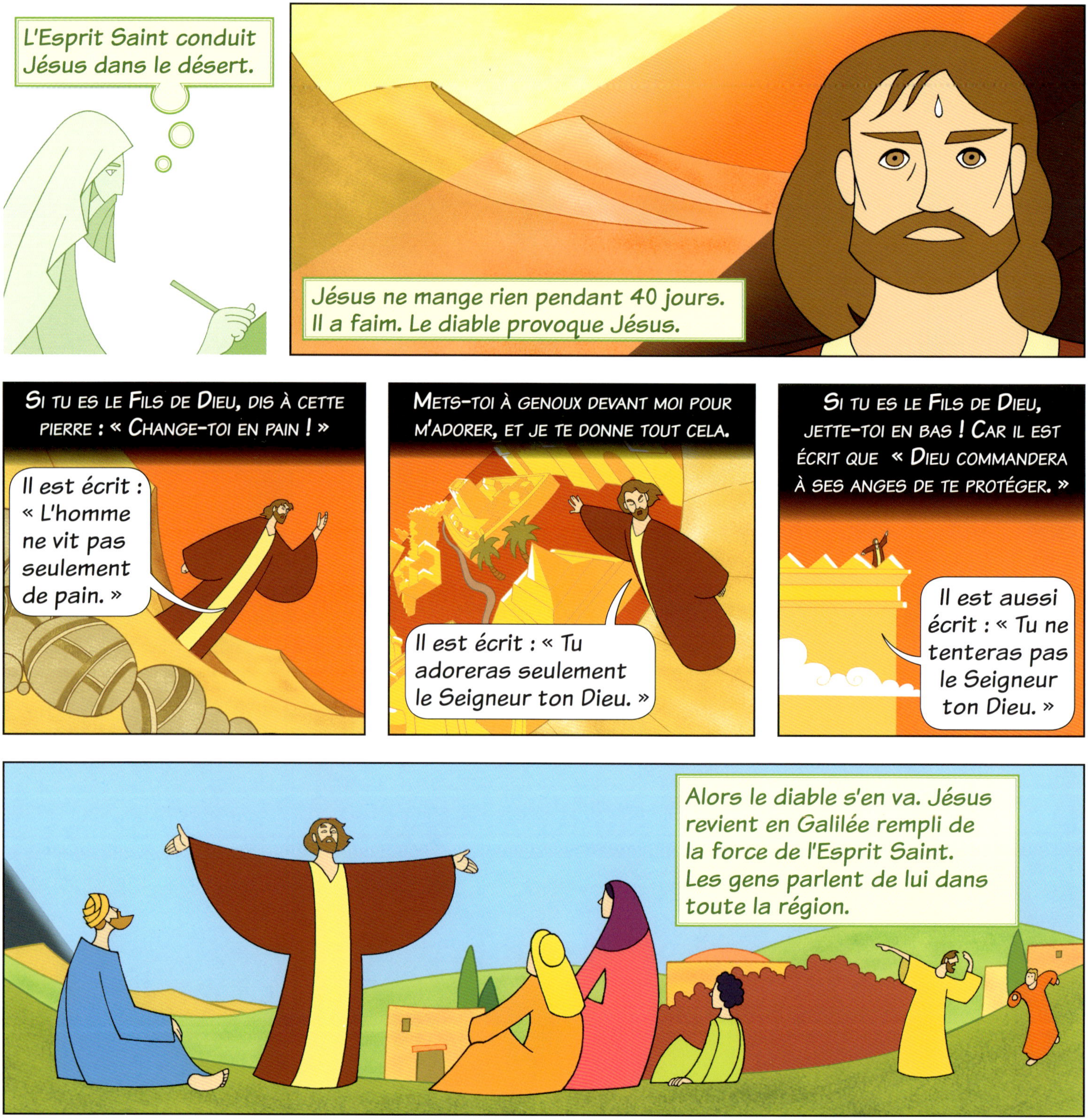

D'après Lc 4, 1-15

LE MAL

Dans la Bible, le diable donne de mauvais conseils. Il veut le mal.

Place les autocollants sous chaque tableau et entoure le Mal.

autocollant | autocollant | autocollant

Dans chaque tableau, le Mal est représenté de manière différente.
Écris les 3 noms du Mal à l'aide des syllabes.

1er tableau : ______ ______

2e tableau : ______ ______

3e tableau : ______ ______

BÊ · GON · DRA · SER · PENT · TE

LE MOT DE ZOU !

Dans la Bible, il provoque Jésus.

autocollant

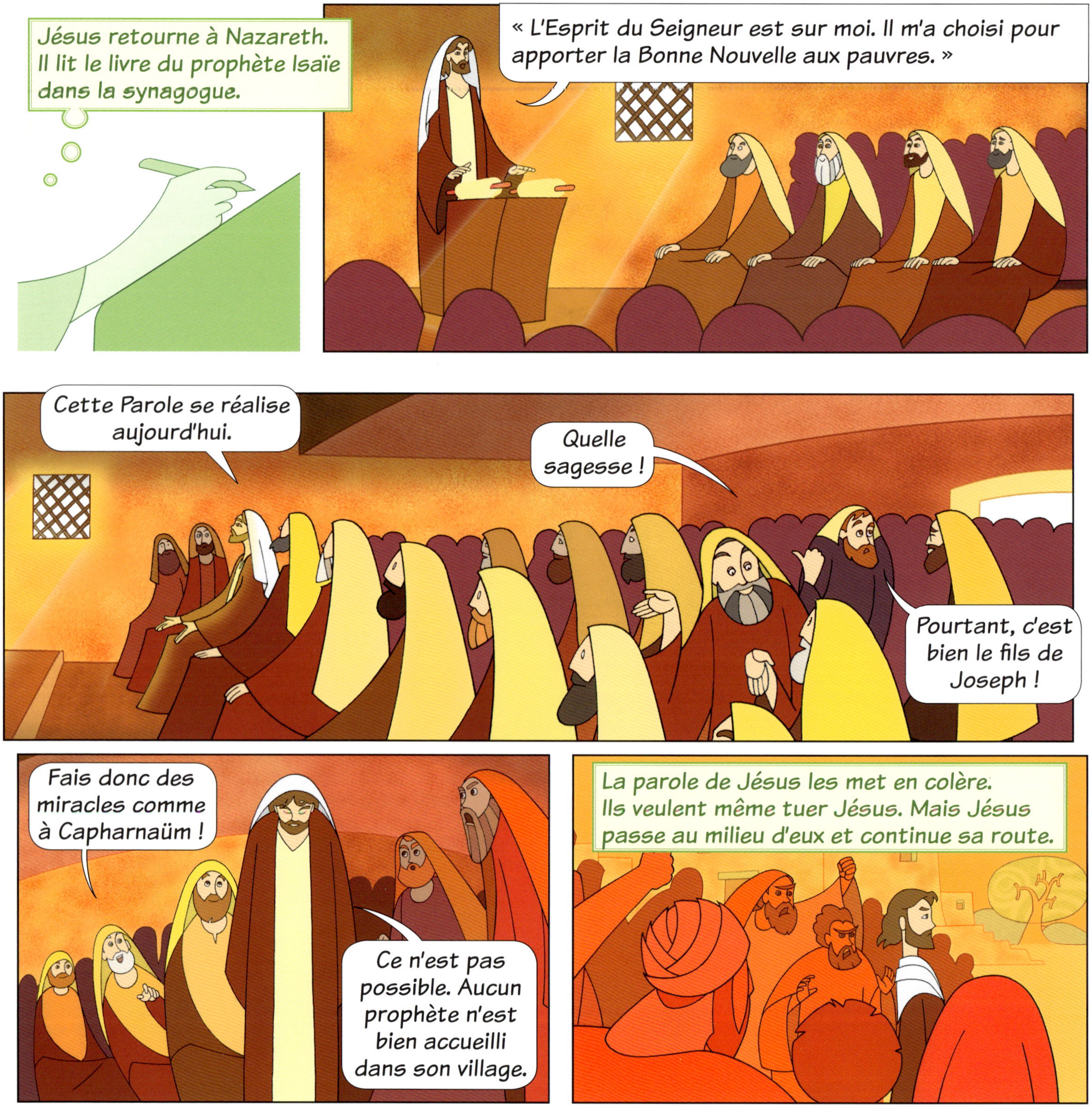

D'après Lc 4, 16-30

Dans la Bible, les prophètes parlent au nom de Dieu.

Les prophètes

JE CHERCHE

Relie les mots pour écrire une phrase sur les prophètes.

Les	roi	parlent	des sacrifices	de Dieu.
Les	prophètes	est	au nom	la justice de Dieu.
Le	prêtres	offrent	le serviteur de	à Dieu.

Remplace chaque lettre par celle qui la suit dans l'alphabet.
(exemple : tu remplaces A par B ; B par C ; ... Z par A)

KZ OZQNKD CD CHDT

Un prophète porte __ ______ __ ____

JE DÉCOUVRE

« Le Prophète Isaïe »
Vannuci Pietro

LE MOT DE ZOU !

Il est le dernier des prophètes.
Il baptise dans le Jourdain.

autocollant

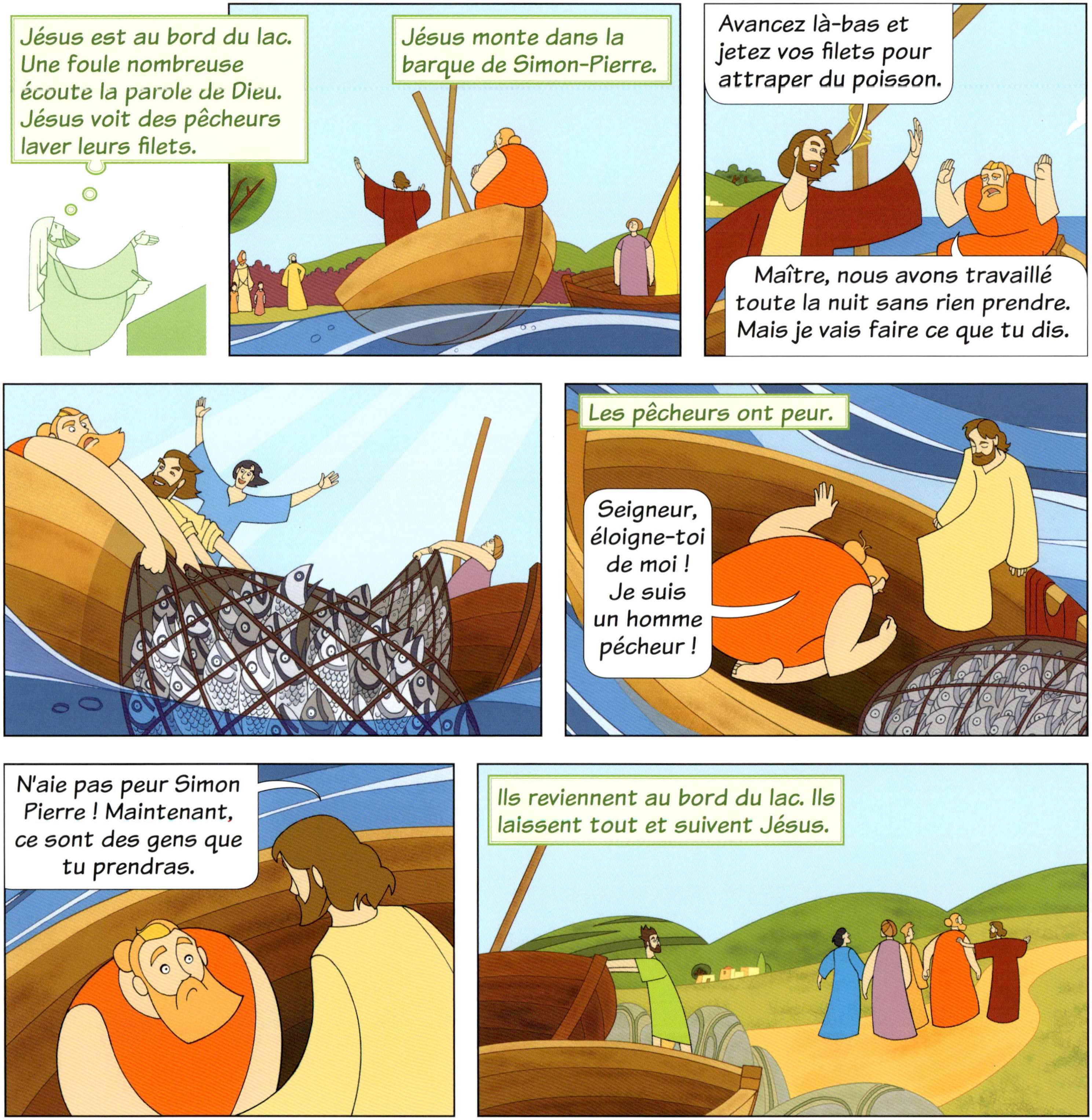

D'après Lc 5, 1-11

L'ÉGLISE

Pierre devient le premier chef de l'Église.
L'Église est un groupe de personnes rassemblées au nom de Jésus : les chrétiens.

Colle les autocollants au bon endroit.

Autocollant	Autocollant	Autocollant	Autocollant
Les chrétiens forment l'Église.	Les chrétiens croient en Dieu Père, Fils et Esprit Saint.	Les chrétiens prient Dieu.	Les chrétiens apprennent à aimer comme Jésus.

JE CHERCHE

Entoure les deux églises parmi ces bâtiments.

JE DÉCOUVRE

LE MOT DE ZOU !

Il est le chef de l'Église catholique, à la suite de Pierre.

autocollant

D'après Lc 5, 17-26

JE CHERCHE

Le pardon des péchés

Pour les chrétiens, un péché est une faute qui les sépare de Dieu.

Entoure les mots qui sont dans la bande dessinée.

PÉCHÉS GLOIRE MIRACLE

PARDONNER EXCUSE

LÈVE-TOI DIEU SUPER

Place les mots entourés au bon endroit dans la grille.

					É						
					C						
					O						
					N						
					I						
					L						
					A						
				-							
					I						
					O						
					N						

Il donne le pardon au nom de Dieu.

LE MOT DE ZOU !

autocollant

D'après Lc 6, 12-16

LES DOUZE

Entoure le nom des douze Apôtres dans la grille.

B	A	R	T	H	É	L	É	M	Y	P	J
L	M	A	T	T	H	I	E	U	J	I	A
J	A	C	Q	U	E	S	G	E	U	E	C
S	I	M	O	N	J	U	D	E	D	R	Q
S	P	H	I	L	I	P	P	E	A	R	U
A	N	D	R	É				I	S	E	E
T	H	O	M	A	S	J	E	A	N	E	S

Utilise les six lettres qui restent pour écrire le nom du nouveau peuple de Dieu.

LE MOT DE ZOU !

Nom des 12 compagnons de Jésus.

autocollant

D'après Lc 6, 17-26

Le bonheur ?

Jésus parle du bonheur. Pour les chrétiens, Dieu souhaite le bonheur des hommes. Mais c'est quoi le bonheur ?

JE CHERCHE

Choisis 2 ou 3 photos qui expriment pour toi le bonheur.

Écris une phrase qui commence par :

Être heureux, c'est

LE MOT DE ZOU !

Nom donné aux paroles de Jésus sur le bonheur.

autocollant

D'après Lc 8, 4-15

La Parole de Dieu

Pour les chrétiens, la Bible est la Parole de Dieu quand elle est écoutée, accueillie et annoncée.

JE CHERCHE

Barre la photographie où la Bible n'est pas écoutée, accueillie ou annoncée.

JE DÉCOUVRE

Dans une église, la Bible est lue de l'ambon.
Entoure l'ombre de cet ambon.

LE MOT DE ZOU !

Histoire racontée par Jésus pour faire comprendre un message.

autocollant

D'après Lc 9, 1-6

La mission

JE CHERCHE

Coche la définition du mot « mission » pour les chrétiens.

- ▢ Trouver des documents secrets.
- ▢ Porter une lettre à quelqu'un.
- ▢ Annoncer Dieu aux hommes.

JE DÉCOUVRE

Souligne ce que font les Apôtres en mission.

- Ils restent chez eux.
- Ils dorment chez les habitants.
- Ils prennent des photos.
- Ils guérissent les malades.
- Ils ne parlent à personne.
- Ils rencontrent beaucoup de personnes.
- Ils demandent de l'argent.
- Ils chassent les esprits mauvais.
- Ils annoncent le Royaume de Dieu.
- Ils parlent de Jésus.
- Ils volent les gens.
- Ils voyagent.

Place l'autocollant au bon endroit A=1 ; B=2 ; C=3...

1	14	14	15	14	3	5	18
12	1		2	15	14	14	5
14	15	21	22	5	12	12	5

LE MOT DE ZOU !

Prêtre nommé par le pape pour prendre la suite des Apôtres. Il est responsable d'un diocèse.

autocollant

D'après Lc 9, 10-17

Multiplication des pains

Pour les chrétiens, la multiplication des pains a eu lieu à Tabga.

Colorie ce détail de la mosaïque de « l'église de la multiplication des pains » de Tabga.

Mosaïque de Tabga

Pour les chrétiens, fait étonnant et merveilleux qui montre la puissance de l'amour de Dieu.

autocollant

D'après Lc 9, 28-36

LE FILS DE DIEU

JE CHERCHE

Place au bon endroit les autocollants des noms donnés à Jésus.

Page 18, dernière vignette	Page 24, dernière vignette
Page 16, deuxième vignette	Page 12, cinquième vignette

Sépare les mots par un trait puis lis la phrase.

Celui-ciestmonFils,jel'aichoisi.Écoutez-le !

JE DÉCOUVRE

Écris le nom des personnages de la scène.

« La Transfiguration »
Bellini Giovanni

LE MOT DE ZOU !

Les chrétiens fêtent l'apparition de Jésus en vêtement blanc comme la lumière.

autocollant

D'après Lc 10, 25-37

AU SERVICE DU PROCHAIN

L'Église a créé des lieux de vie pour accueillir et servir son prochain au nom de Jésus.

JE CHERCHE

Suis le rail des lettres pour écrire les noms d'établissements créés par l'Église.

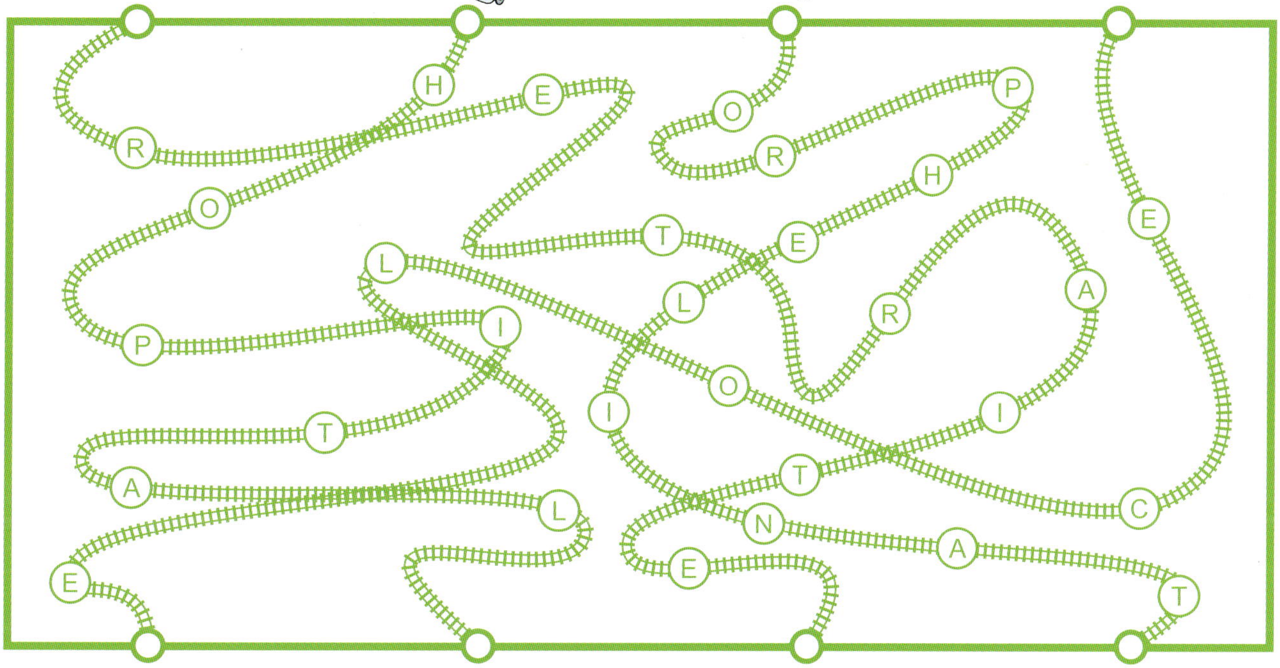

		Maison de	

Pour les chrétiens, c'est l'amour de Dieu et du prochain.

Autocollant

D'après Lc 11, 1-4

La prière

Pour les chrétiens,
prier c'est prendre un temps pour Dieu :
lui parler et l'écouter dans le silence.

JE CHERCHE

Remets les mots dans l'ordre pour écrire la phrase de Mère Térésa.

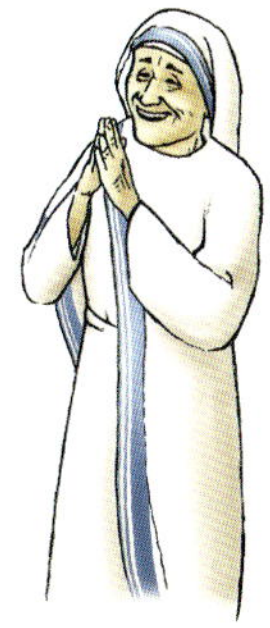

la pouvons ne faire. prière rien Sans nous

Remets les lettres dans l'ordre pour écrire le nom des personnes qui prient et travaillent dans un monastère.

S E I M O N

JE DÉCOUVRE

Place l'autocollant qui indique la manière de prier des chrétiens.

autocollant

autocollant

autocollant

autocollant

LE MOT DE ZOU !

Prière donnée par Jésus.
C'est la prière des chrétiens.

autocollant

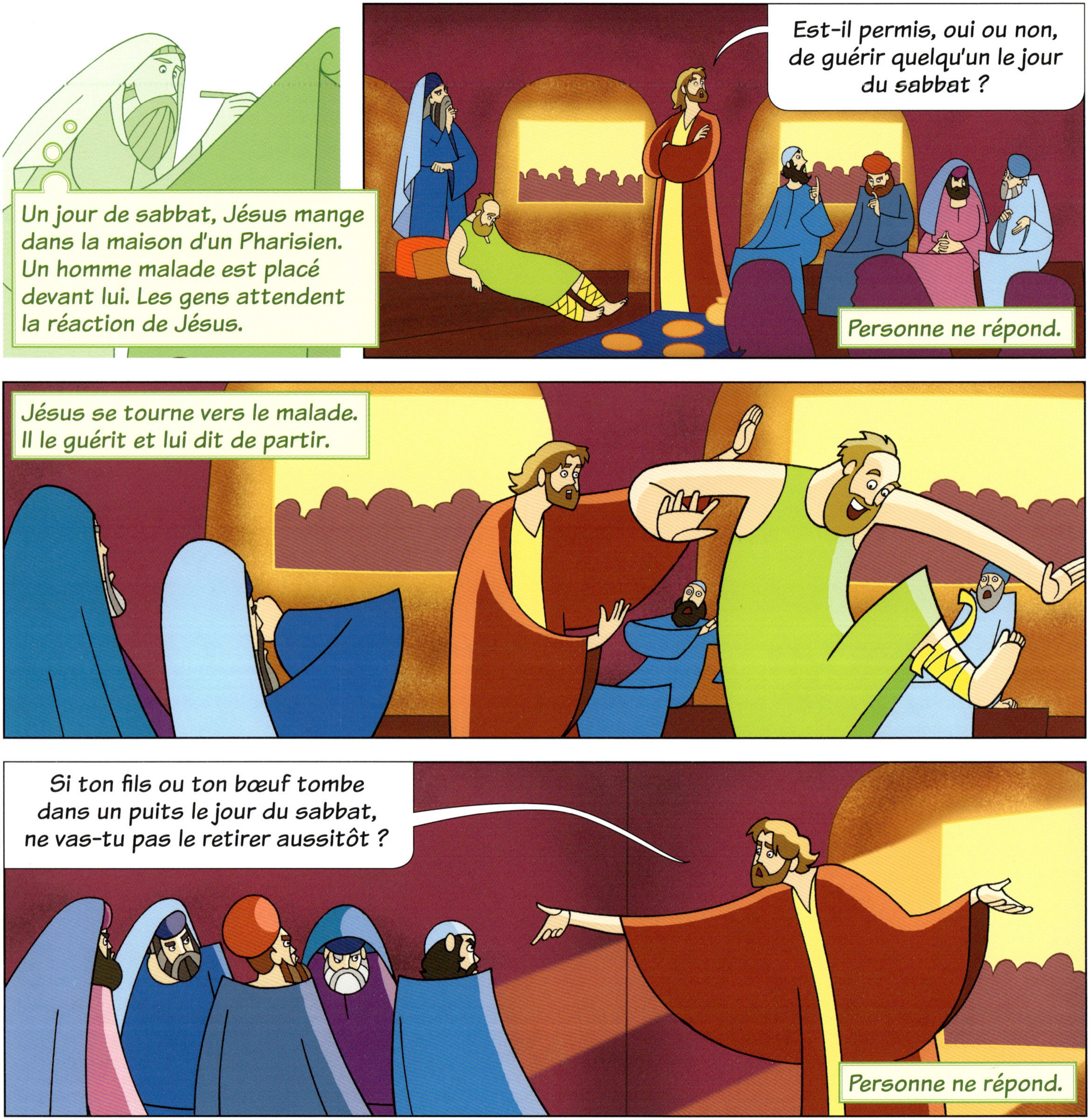

D'après Lc 14, 1-6

Au début de la Bible, un long poème présente Dieu comme le créateur du monde.

Le jour du repos

Entoure l'intrus dans chaque dessin en noir et blanc du poème de la création.

Colorie les dessins.

LE MOT DE ZOU !

Jour de repos pour les juifs, dernier jour de la semaine.

Autocollant

D'après Lc 15, 2-7

Le bon berger

Jésus est présenté comme un bon berger qui guide le peuple de Dieu.

JE CHERCHE

Écris au bon endroit les verbes au présent pour compléter les phrases :

chercher- partir - risquer - connaître

Le berger ______ ses moutons.

Le berger ______ à la recherche du mouton perdu.

Le berger ______ son mouton jusqu'à ce qu'il le retrouve.

Le berger ______ sa vie pour le mouton perdu.

Écris les lettres dans l'ordre des couleurs et découvre un autre mot pour dire berger.

JE DÉCOUVRE

Place l'autocollant qui convient sous les représentations de « Jésus Bon Pasteur ».

autocollant

autocollant

autocollant

J'ai l'impression qu'il manque une souris !

LE MOT DE ZOU !

Bâton de l'évêque.

autocollant

Mort et résurrection de Jésus

Ponce Pilate

Chef des Romains
en Judée.
Il obéit
à l'empereur
romain Auguste.

Joseph d'Arimathie

Disciple de Jésus.
Il demande le corps
de Jésus à Pilate.
Il le met dans
son tombeau.

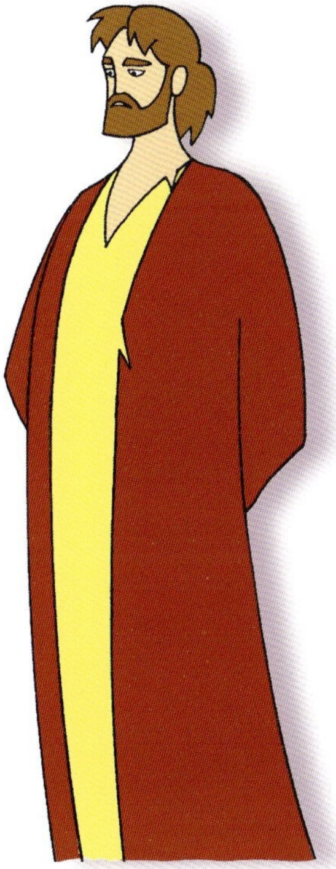

Jésus

Grand prêtre

Chef des prêtres
du Temple
de Jérusalem.

Simon de Cyrène

Il reçoit l'ordre des
romains d'aider Jésus
à porter sa croix.

Judas

Un des 12 Apôtres.
Il trahit Jésus.

Vendeurs du Temple

Ils vendent
des animaux
pour les sacrifices
dans le Temple
de Jérusalem.

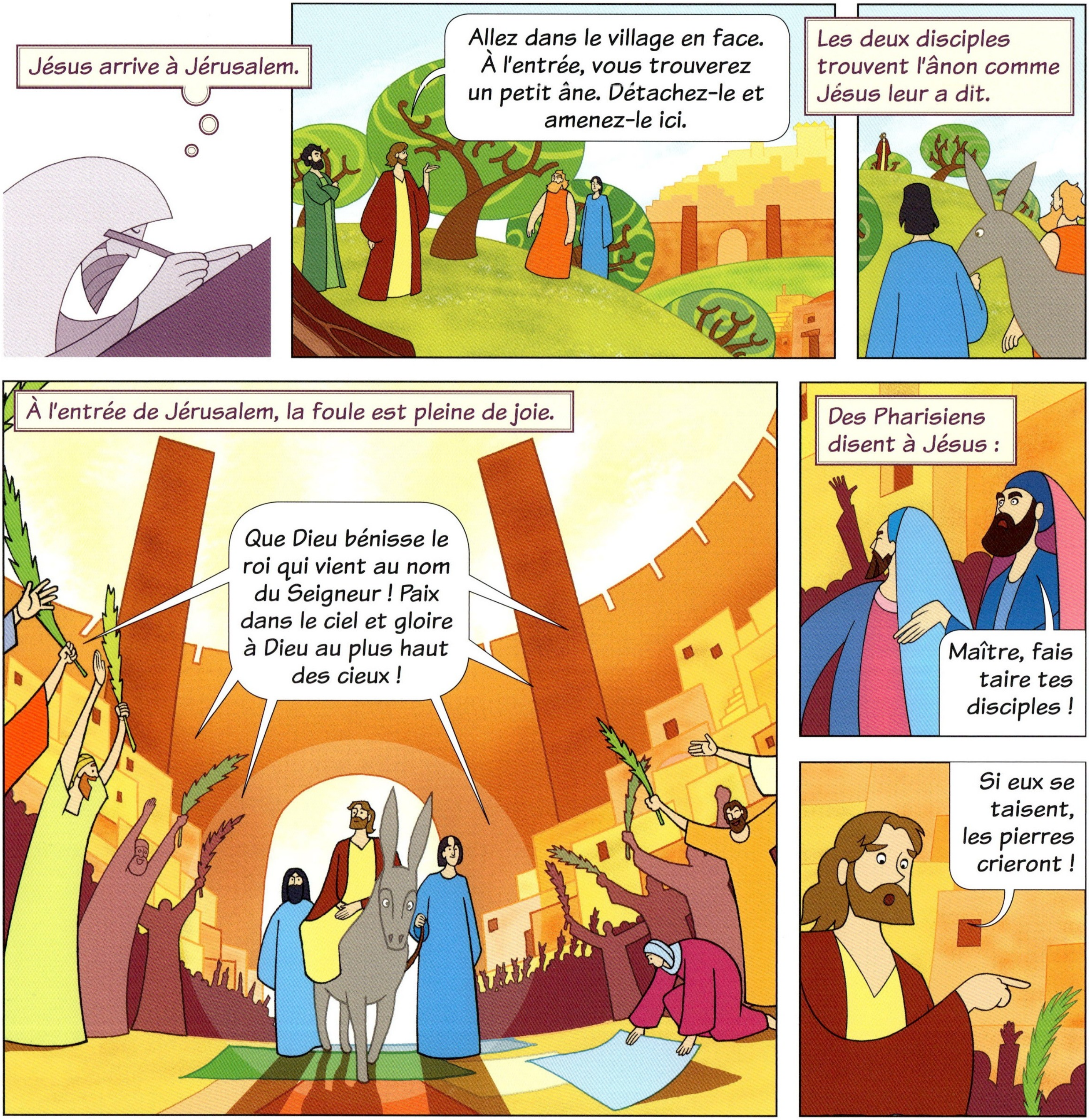

D'après Lc 19, 28-40

Les Rameaux

Mesure ces rameaux et numérote-les de 1 à 4 du plus petit au plus grand.

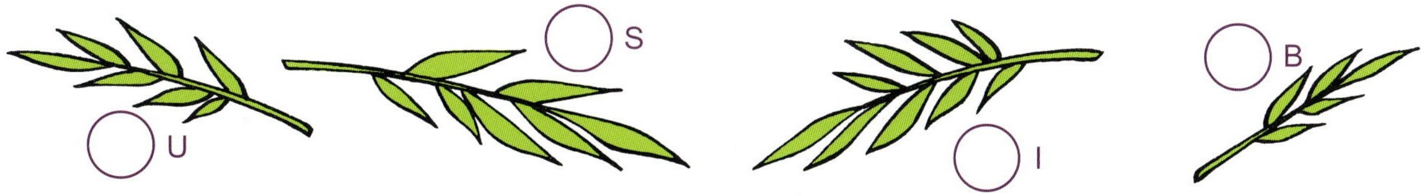

Écris les lettres dans l'ordre que tu as trouvé.
Découvre le nom d'un arbuste utilisé pour la fête des Rameaux.

Relie la peinture « Jésus entre à Jérusalem » au jour de la fête des Rameaux.
C'est le premier jour de la semaine sainte, 7 jours avant Pâques.

Jésus entre à Jérusalem.

Jésus lave les pieds de ses disciples

- Vendredi
- Samedi
- Dimanche
- Lundi
- Mardi
- Mercredi
- Jeudi saint
- Vendredi saint
- Samedi saint
- Dimanche de Pâques

autocollant

D'après Lc 19, 45-48

LE TEMPLE DE JÉRUSALEM

Entoure les 5 détails qui sont dans le dessin du Temple.

autocollant

D'après Lc 22, 14-20

LE DERNIER REPAS

Place le bon mot dans chaque phrase : Cène, Seine, saine, scène.

Ce fleuve s'appelle la

L'acteur joue sur la

Le dernier repas de Jésus s'appelle la

Cette nourriture est

Trouve les 2 phrases de Jésus à l'aide de ce code.

1	2	3	4	5	6	7	8	9
A	B	C	D	E	F	G	H	I
10	11	12	13	14	15	16	17	18
J	K	L	M	N	O	P	Q	R
19	20	21	22	23	24	25	26	
S	T	U	V	W	X	Y	Z	

1

3	5	3	9		5	19	20	
13	15	14		3	15	18	16	19

2

3	5	3	9		5	19	20
13	15	14		19	1	14	7

Relie la phrase de Jésus avec le geste du prêtre.

autocollant

D'après Lc 22, 47 - 23, 25

L'ARRESTATION DE JÉSUS

Place l'autocollant du nom de chaque personnage du film « Jésus de Nazareth ».

autocollant

Jésus

autocollant

autocollant

autocollant

autocollant

LE MOT DE ZOU !

autocollant

D'après Lc 23, 26-46

La mort de Jésus

Coche la bonne réponse pour chaque peinture du chemin de croix.

- [ ] Pilate
- [ ] Pierre
- [ ] Judas

condamne Jésus à mort.

Jésus rencontre sa mère

- [ ] Anne.
- [ ] Marie.
- [ ] Estelle.

- [ ] Simon de Gennes
- [ ] Simon de Solène
- [ ] Simon de Cyrène

aide Jésus.

- [ ] Jésus dispute des femmes qui rient.
- [ ] Jésus demande de l'aide à des femmes.
- [ ] Jésus console des femmes qui pleurent.

Jésus meurt

- [ ] pendu.
- [ ] sur une croix.
- [ ] noyé.

Le corps de Jésus est

- [ ] mis dans un tombeau.
- [ ] enterré.
- [ ] brûlé.

Je suis le chat

- [ ] *d'Anne et Léo ?*
- [ ] *de Rémi et Lilo ?*
- [ ] *de Maya et Tom ?*

LE MOT DE ZOU !

autocollant

D'après Lc 23, 50-24, 12

Pâques dans le monde

Colorie les continents : AMÉRIQUE EUROPE AFRIQUE ASIE OCÉANIE

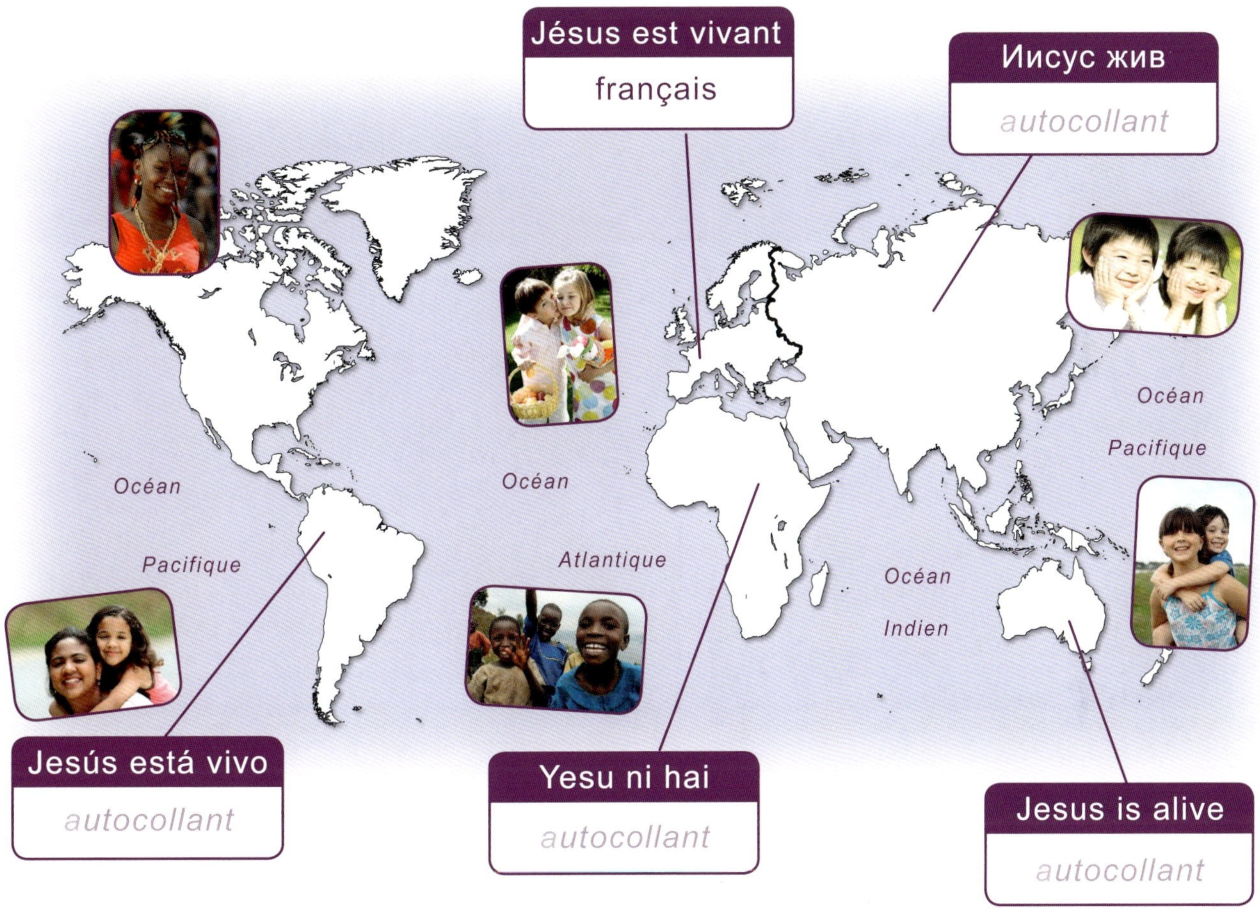

À l'aide des 4 indices, place l'autocollant de la langue d'origine sous chacune des phrases « Jésus est vivant ».

Espagnol : Jesús
Anglais : Jesus
Swahili : Yesu
Russe : Иисус

LE MOT DE ZOU !

autocollant

D'après Lc 24, 13-32

Les disciples d'Emmaüs

Observe ces deux tableaux.

« Le repas d'Emmaüs »

Trophime Bigot

« Chemin d'Emmaüs »

Dinah Roe Kendall

Regarde les personnages.

Combien sont-ils dans chaque tableau ?
Qui sont-ils ? Que font-ils ?
Quels sont leurs gestes ?
Quelles sont leurs expressions de visage ?

Regarde Jésus.

Comment le reconnais-tu dans chaque tableau ?
Où est-il placé ?
Que fait-il ?

Regarde les objets.

Quels objets reconnais-tu dans chaque tableau ?
Où sont-ils ?
À quoi servent-ils ?

autocollant

D'après Lc 24, 33-48

JE CHERCHE

MES DÉCOUVERTES

Place dans l'ordre les autocollants de la vie de Jésus.

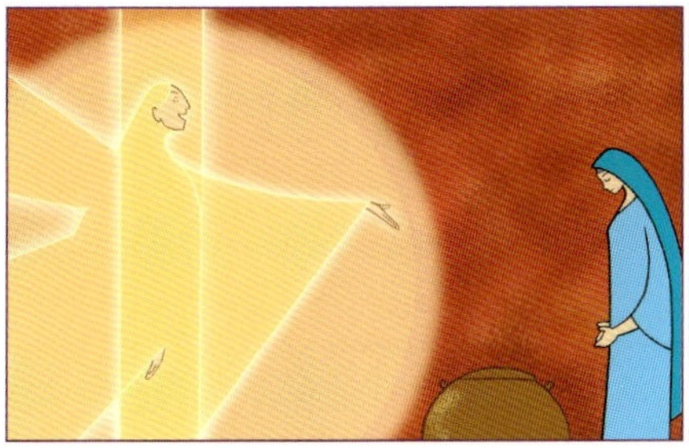

autocollant

autocollant

autocollant

autocollant

D'après Lc 24, 50-53

4 FÊTES
POUR LES CHRÉTIENS

Toussaint

Fête de tous les saints
célébrée
le 1er novembre.

Noël

Fête de la naissance de Jésus
célébrée
le 25 décembre.

Pâques

Fête de la résurrection
de Jésus, célébrée au
printemps.

Pentecôte

Fête du don de l'Esprit
célébrée
50 jours après Pâques.

TOUSSAINT

La Toussaint est une fête catholique. Elle est célébrée le 1er novembre.
En France, c'est un jour de repos où l'on ne travaille pas.

La Toussaint est la fête de tous les saints. Pour les chrétiens, un saint est une personne qui a écouté la Parole de Dieu, a vécu en ami de Dieu et vit maintenant près de Lui.

Le 2 novembre, c'est la fête des morts. Beaucoup de chrétiens vont dans les cimetières. Ils prient pour les personnes qu'ils ont aimées et fleurissent les tombes de leurs familles et de leurs amis.

Noël

Noël est célébré le 25 décembre. En France, c'est un jour de repos où l'on ne travaille pas.

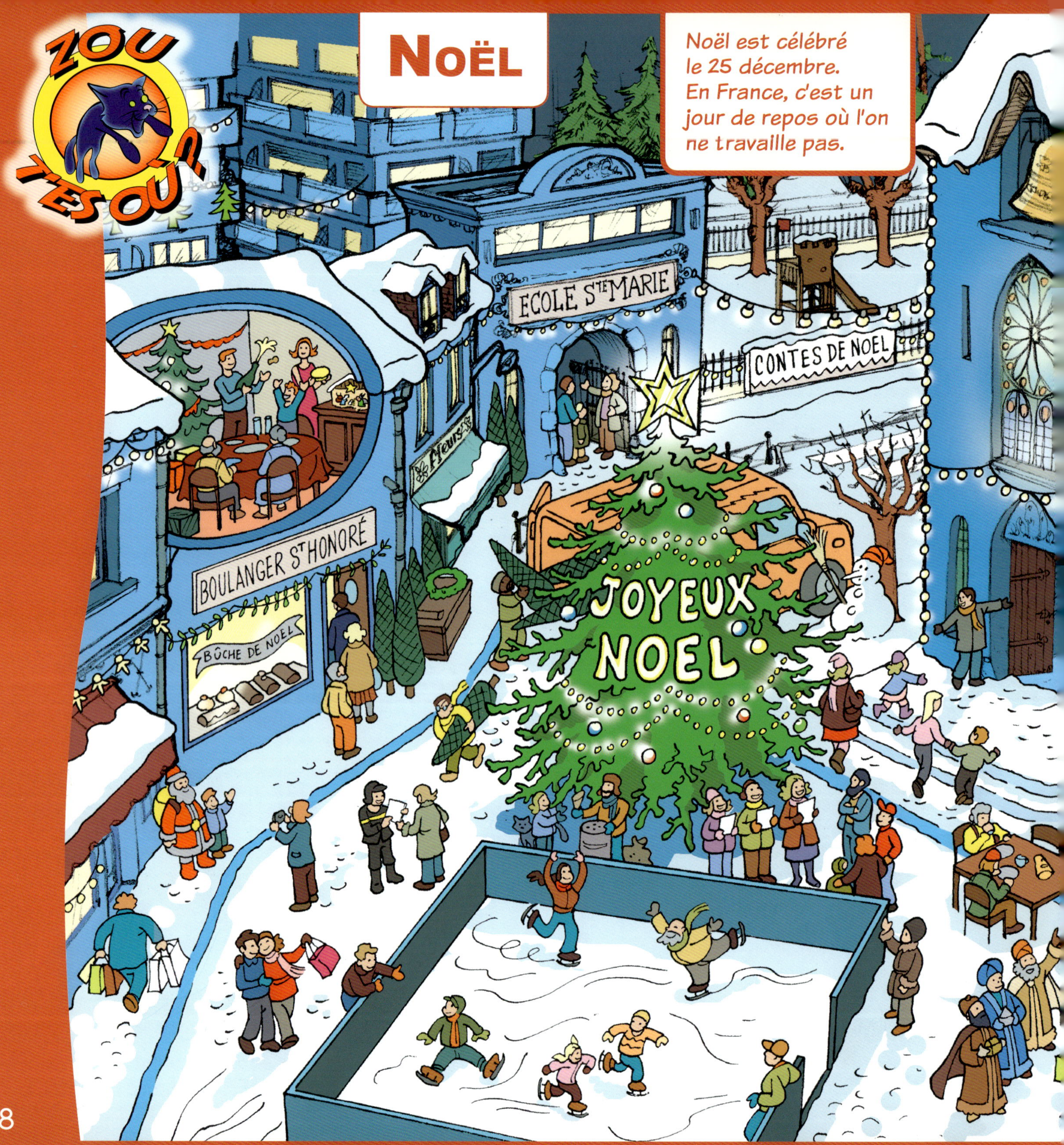

Les chrétiens fêtent à Noël la naissance de Jésus.
Ils installent des crèches dans leur maison et les églises.
Une crèche représente la naissance de Jésus avec Marie, Joseph, les bergers, les mages...

La nuit du 24 décembre, les catholiques vont à la « messe de minuit ».
La lumière a une place importante dans cette célébration.
Pour les chrétiens, Jésus est « la lumière du monde ».

PÂQUES

La fête de Pâques n'a pas de date fixe. Mais elle est toujours un dimanche. En France, le lendemain de Pâques, le lundi, est un jour de repos où l'on ne travaille pas.

Pâques est la fête la plus importante des chrétiens. Ils célèbrent la résurrection de Jésus-Christ.
PLACE
Dans la nuit du samedi au dimanche de Pâques, les catholiques vont à la veillée pascale. Pour les chrétiens, Jésus est vivant, Dieu l'a ressuscité.

PENTECÔTE

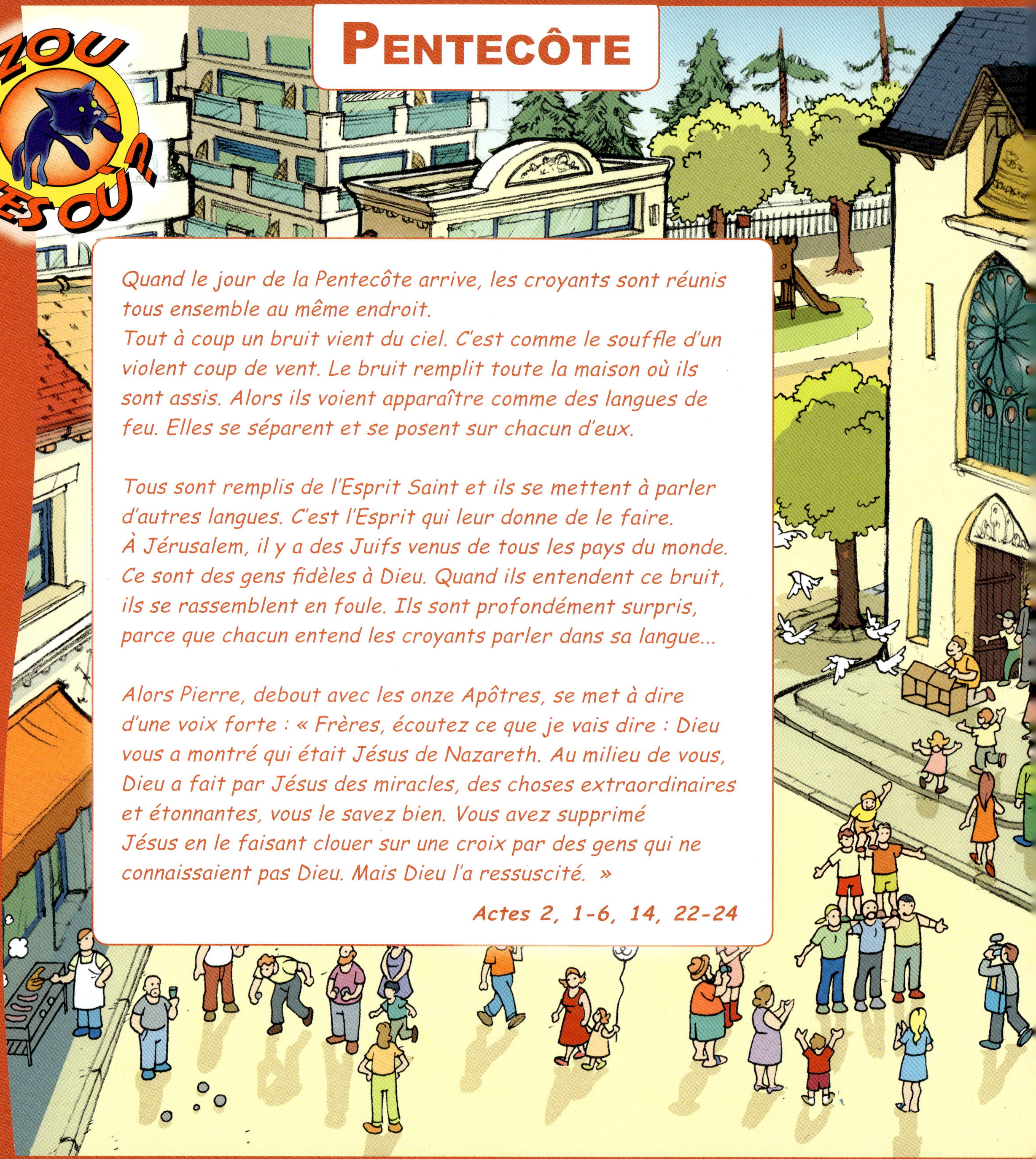

Quand le jour de la Pentecôte arrive, les croyants sont réunis tous ensemble au même endroit.
Tout à coup un bruit vient du ciel. C'est comme le souffle d'un violent coup de vent. Le bruit remplit toute la maison où ils sont assis. Alors ils voient apparaître comme des langues de feu. Elles se séparent et se posent sur chacun d'eux.

Tous sont remplis de l'Esprit Saint et ils se mettent à parler d'autres langues. C'est l'Esprit qui leur donne de le faire.
À Jérusalem, il y a des Juifs venus de tous les pays du monde. Ce sont des gens fidèles à Dieu. Quand ils entendent ce bruit, ils se rassemblent en foule. Ils sont profondément surpris, parce que chacun entend les croyants parler dans sa langue...

Alors Pierre, debout avec les onze Apôtres, se met à dire d'une voix forte : « Frères, écoutez ce que je vais dire : Dieu vous a montré qui était Jésus de Nazareth. Au milieu de vous, Dieu a fait par Jésus des miracles, des choses extraordinaires et étonnantes, vous le savez bien. Vous avez supprimé Jésus en le faisant clouer sur une croix par des gens qui ne connaissaient pas Dieu. Mais Dieu l'a ressuscité. »

Actes 2, 1-6, 14, 22-24

La Pentecôte est célébrée un dimanche, cinquante jours après Pâques.
Pour les chrétiens, la Pentecôte fête le don de l'Esprit Saint aux Apôtres.
JARDIN St FRANÇOIS
PLACE St PAUL

Crédits photographiques

L'ensemble des photographies a été réalisé par Mediaclap ou de la banque d'images Fotolia, excepté :

Code : h haut, b bas, c centre, d droite, g gauche

Bridgeman : 27g - *Adam & Eve*, Patricia O'Brien, 1990 ; 27c - *Apocalypse Miniatures: The Dragon Waging War and The Beast of the Sea*, French School, c.1295 ; 53c - *The Good Shepherd*, Philippe de Champaigne, c.1650-1660 ; 53d - *The Good Shepherd*, lunette from above the entrance, Paleo-Christian, 5th century ; 57 - *Scenes from the Life of Christ*, panel three from the Silver Treasury of Santissima Annunziata, c.1450-1453, Fra Angelico (Guido di Pietro) ; 69g - *The Supper at Emmaus*, Trophime Bigot (c.1595-p.1650) ; 69d - *Resurrection - Road to Emmaus*, 1996, Dinah Roe Kendall

RMN : 27d - Liber Floridus par Lambert de Saint-Omer : *Saint Michel terrassant le dragon,* Domaine de Chantilly, ©René-Gabriel Ojéda ; 29 - Vannuci Pietro (vers 1448-1523), *Le Prophète Isaïe* ©Gérard Blot ; 45 - Bellini Giovanni (1430-1516), *La Transfiguration*, ©Archives Alinari, Florence, Luciano Pedicini ; 53g - *Statuette du Bon Pasteur* ©Christian Jean, Jean Schormans

Musée du Louvre : 13, 19, 61

Crédits DVD

Réalisation : Médiaclap

Réalisateur : Jean Millou ; scénario et dialogues : Bruno Bourget, Laurent Dal Molin, Jean Millou ; Dessin : Jean Millou, Vincent Buron, Philippe de la Fuente ; couleur : Ghislaine Serre-Ameglio ; animation : Vincent Buron, Emeric Goisnard, Jean Millou ; bruitage : David Lauriou.

Voix : Arnaud Lévêque (Jésus), Hugues Vaulerin (Luc),
Et François Daubord, Bruno Dupard, Bruno Durand, Emmanuel Dupond, Rémi Lauriou, Valérie Souchard.

Musique originale : C. Bossé.

Avec leur aimable autorisation : les Missions étrangères de Paris, Michel Lecointe photos du chemin de croix de Lucien Lantier (http://lecointemichel.free.fr), Extrait du film « Jésus de Nazareth » de Franco Zifferelli.

Imprimé par Volum, 29000 Quimper en mai 2013 - DVD(s) dupliqué(s) par MPO France

L'ARCHE

Les « Aventures de Zou » sont assemblés et conditionnés par des ESAT (Établissement d'Aide par le Travail) notamment celui de la Croix Rouge (49), des communautés de l'ARCHE de la Rebellerie (49) et des Sapins (16). Les communautés de l'Arche sont des associations qui accueillent des personnes ayant un handicap mental.

Site internet : www.arche-france.org

Dépôt légal Mai 2011

Du même éditeur

7-8 ans
CE1

Culture chrétienne

Les Aventures de Zou

Catéchèse

À VENIR EN 2014

8-11 ans
CE2-CM1-CM2

Culture chrétienne

Les Aventures d'Anne et Léo

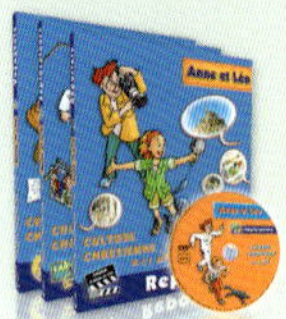

Catéchèse

Nathanaël

11-12 ans
6e

Culture

KIM et NOÉ CULTURE

Catéchèse

KIM et NOÉ CATÉCHÈSE

12-14 ans
5e - 4e

Culture

MES QUESTIONS PARLONS-EN !

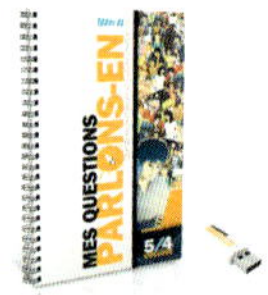

Toutes les informations sur :

www.editions-mediaclap.fr

BOUTIQUE EN LIGNE

PAIEMENT PAR
- **CHÈQUE**
- **CARTE**
- **VIREMENT**

Simple et rapide !

Livraison par TRANSPORTEUR

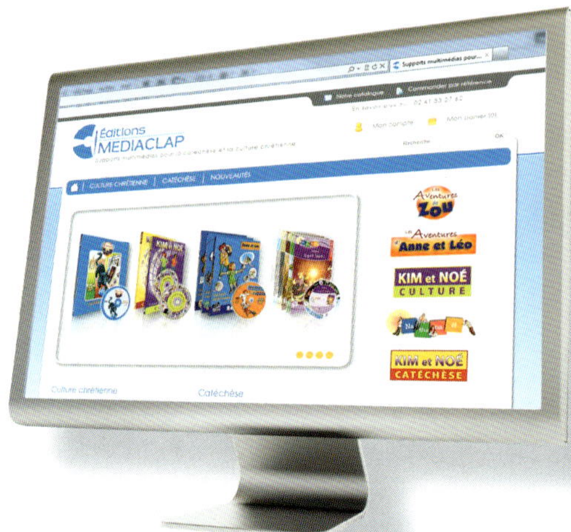

Annonciation | Bible | Moïse | Nazareth

Pages 9-21

Noël | Temple

Apôtres | Baptême | Béatitudes | Charité

Crosse | Diable | Evêque | Jean le Baptiste

Pages 25-53

Pape | Miracle | Notre Père | Parabole

Prêtre | Sabbat | Transfiguration

Bonne Nouvelle | Crucifié | Eucharistie | Jérusalem

Pages 57-69

Judas | Ressuscité | Semaine Sainte

Page 19

Page 17

Page 21

Les Égyptiens poursuivent les Hébreux.

Les Hébreux sont esclaves en Égypte.

Moïse ouvre la mer.

Les Hébreux sont libérés.

Dieu envoie Moïse libérer les Hébreux.

Page 27

Elle a sept têtes. Elle sort de la mer.

Il rampe, il siffle, il est rusé.

L'ange Michel lutte contre lui.

Page 31

Au nom du Père, et du Fils et du Saint Esprit. Amen.

Page 41

A A B C E E E E L L L N

N N N N N O O O R U V

Page 45

Jésus

Mon Fils bien aimé

Fils de Dieu

Le Sauveur

Page 49

seul

seul

en groupe

en groupe

Page 53

mosaïque

peinture

sculpture

Page 67

Espagnol

Anglais

Swahili

Russe

Page 63

soldat romain

grand prêtre

Pilate

Judas

gardien du Temple

Page 71